ビジュアルでつかむ！
俳句の達人たち

与謝蕪村

よさぶそん

藤田真一 監修

ほるぷ出版

目次

絵に生き、俳句に遊んだ蕪村

大阪の淀川岸に建つ大きな石碑には、次のような句が刻まれています。

春風や堤長うして家遠し　蕪村

春風にふかれて、淀川のつつみを歩いているようすが目にうかびます。主人公の少女が、ほう公先から休みをもらって、親もとへ里帰り（やぶ入り）するところです。一方、作者の蕪村は、帰るべき故郷をもっていませんでした。少女の姿を借りて、「心の故郷」へ帰ろうとしたのです。

蕪村は芭蕉とちがって、俳句一筋に生きた人ではありません。本職は、画家。本格的な絵をかく一方で、見たしゅん間、思わず笑ってしまうようなコミックタッチの絵も得意の、超人気画家でした。

本職とした絵に対して、人生の楽しみとしていたのが俳句です。一生に作った三千をこす俳句の中には、今でも多くの人々に親しまれているこんな名句があります。

春の海終日のたりのたり哉

ひと目見て情景が思いうかぶ俳句で、しかも声に出してみると、美しい言葉のひびきが感じられます。

御手討の夫婦なりしを更衣

この句などは、かなり高度なテクニックが使われています。じつは物語のような筋書きを読み取る必要があるのですが、この先で解説していますので、期待していてください。

かと思えば、こんな俳句もあります。

戸をたたく狸と秋をおしみけり

おとぎ話の一コマのようです。こんな、さまざまなみりょくをもった蕪村の俳句が、あなたを待っています。

関西大学名誉教授　藤田真一

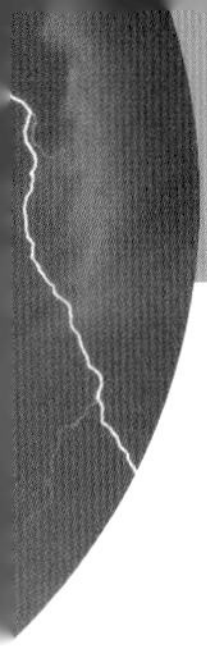

蕪村の俳句で

秋

春

春の海 終日のたり のたり哉

俳句の意味

春の海では一日中、波がのたりのたりと寄せては返している（のどかな春の日だなあ）。

9ページ

菜の花や 月は東に 日は西に

俳句の意味

どこまでも続く、広々としたナノハナ畑！（一日が終わり）東の空には、のぼったばかりの円い月、西の空には、しずもうとする太陽。東から西からナノハナ畑を照らしている。

8ページ

夏

牡丹散て 打かさなりぬ 二三片

俳句の意味

色あざやかなボタンの花びらが、2枚、3枚と、地面に落ちて重なっている（先ほどまでさきほこっていたさまが目にうかぶ）。季語は「牡丹（夏）」。

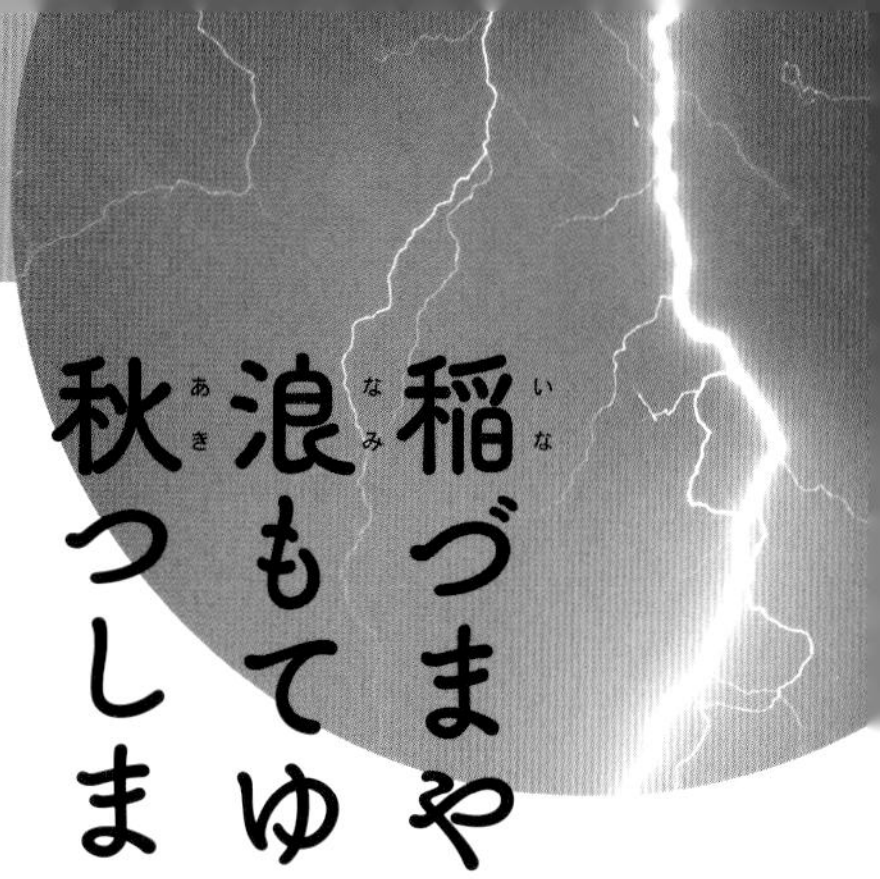

稲づまや浪もてゆへる秋つしま

俳句の意味

いなづまの光で、パッと日本の国土がうかび上がった。(その光景は、日本全体を白波がぐるりと取り囲んで)まるで白波で日本列島をつなぎ合わせたみたいだ。

8ページ

白露や茨の刺にひとつづつ

俳句の意味

つゆが降りた秋の朝。(庭に出てみると、葉をすっかり落とした)イバラの小さなとげのひとつひとつにつゆの玉が付いて、朝の光に当りキラキラしている。季語は「白露(秋)」。

季節を味わう

さみだれや大河を前に家二軒

俳句の意味

さみだれ(5月の長雨、梅雨)が降り続き、大河は水かさを増して勢いよく流れていく。そのほとりに家が2けん、寄りそうように建っている。季語は「さみだれ(夏)」。

冬

斧入て香におどろくや冬こだち

俳句の意味

葉がすべて落ち、かれてしまったかのように見える木におのを打ちこむ。と、そのしゅん間、みずみずしい木の香りが立ちのぼり、生きているんだとはっと気づかされた。季語は「冬こだち(冬)」。

宿かせと刀投出す雪吹哉

俳句の意味

吹雪の夜、(転がりこむように)家に入って来た武士が、いきなり刀を投げ出して、「一夜の宿を貸せ(ひと晩とめてくれ)」とおどすようにたのんでいる。

17ページ

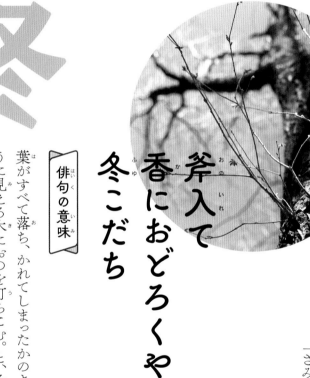

与謝蕪村ってどんな人？

文化が花開いた江戸時代中期 京で俳句と絵にうでをふるう

与謝蕪村は、江戸時代の中ごろに京で活やくした、俳句と絵の名人です。平和な時代が150年以上続き、産業が発達した時代、町人＊1たちが豊かになって文化が育っていきます。俳句（俳諧）も都会ばかりでなく、地方でも盛んになりました。

江戸で先生について俳句修業 北関東を旅して「蕪村」となる

蕪村の若いころのことは、よくわかっていません。大坂（現在の大阪市）で生まれ、20さい前に江戸に出て、22さいで俳人＊2の早野巴人に弟子入り。巴人はいい先生でしたが、5年後に亡くなります。その後、北関東や東北地方をめぐる旅へ。宇都宮（栃木県）にいた29さいのとき、初めて「蕪村」と名乗りました。

京で絵をかいて暮らしながら 俳句も楽しみ、宗匠に

やがて36さいで京へ。京では絵の修業を重ね、39さいからは宮津（京都府）に行って絵に取り組みます。42さいで京にもどると「与謝」の姓を名乗り始め、また結婚もします。一時期、讃岐国（現在の香川県）へ行ったほかはだいたい京にいて、友人と俳句を楽しみつつ絵師として活動しました。俳句の宗匠（先生）になるのはおそく55さいですが、亡くなるまで人気の絵師、俳人でした。

絵師でも俳人でもある蕪村の 絵のような俳句

絵でも俳句でも活やくした蕪村が作る俳句は、よく「絵のよう」といわれます。読んだ人の頭の中にぱっと景色がうかぶ俳句、色さい豊かな俳句が多く、そこが蕪村のみりょくのひとつとなっています。

与謝蕪村の人生年表

年れいは数え年
◇は世の中の動き

1716年（1さい）	大坂（現在の大阪市）に生まれる。 ◇徳川吉宗が第8代将軍となる。
1735年（20さい）	このころまでに故郷を離れて、江戸へ向かう。
1737年（22さい）	早野巴人の弟子となり、日本橋の巴人の家に住みこみ、俳句を学ぶ。

＊1 町人：町に住む、商人や職人。　＊2 俳人：俳句を作る人。

1742年（27さい） 師の巴人が亡くなる。結城（現在の茨城県）にたい在。北関東各地を旅したほか、松尾芭蕉の「おくのほそ道」の旅のあとをたどる。

1744年（29さい） 宇都宮たい在中、初めて「蕪村」の俳号を使う。

1745年（30さい） 友人が亡くなり、俳詩「北寿老仙をいたむ」を書く。

1751年（36さい） 8月、京に向かう。

1754年（39さい） 丹後国（現在の京都府北部）の宮津にたい在して、絵に取り組む。

1757年（42さい） 9月、京へもどる。「与謝」の姓を名乗り始める。このころ、ともと結婚。

1766年（51さい） 6月、蕪村を中心とした句会「夏より」が始まる。9月、讃岐（現在の香川県）へ向かい、2年後の4月、京にもどる。

1770年（55さい） 3月、宗匠となり、巴人のあとをついで夜半亭二世となる。

1771年（56さい） 8月、絵師の池大雅と『十便十宜図』を共同・分担してえがく。

1772年（57さい） ◇田沼意次による政治が始まる。

1776年（61さい） 4月、金福寺に芭蕉庵の再建を計画する。（1781年に完成。）

1777年（62さい） 2月、「春風馬堤曲」を発表。

1783年（68さい） 3月、芭蕉百回忌（実際は九十回忌）を記念した句会に出席する。9月ごろから体調をくずし、12月25日に亡くなる。

＊3 漢詩：漢字だけで書かれた、中国の伝統的な詩。日本でも、かん賞したり作ったりと親しまれていた。

ここがすごい!
蕪村の俳句 1

そう大なスケール

ゆったりとした時間の流れや
広々とした景色を17文字で表現

菜の花や　月は東に　日は西に

俳句の意味

どこまでも続く、広々としたナノハナ畑！（一日が終わり）東の空には、のぼったばかりの円い月、西の空には、しずもうとする太陽。東から西からナノハナ畑を照らしている。

季語

菜の花（春）

もっとくわしく

◆ナノハナ畑

俳句によまれたナノハナは、種から菜種油をしぼるためにさいばいされていたもの。当時、特に近畿地方の平野では、菜種油用のナノハナが盛んに作付けされていました。

◆流行歌

丹後国（現在の京都府北部）で流行していた「月は東にスバルは西に……」という歌や、中国の詩（漢詩）をヒントに作られたともいわれます。

稲づまや　浪もてゆへる　秋つしま

俳句の意味

いなづまの光で、パッと日本の国土がうかび上がった。（その光景は、日本全体を白波がぐるりと取り囲んで）まるで白波で日本列島をつなぎ合わせたみたいだ。

季語

稲づま（秋）

もっとくわしく

◆秋つしま

日本列島の古い名前。「イネの穂がよく実る国」という意味です。

◆目で見たものをこえる

目で見た景色ではなく、想像の景色をよんだ俳句。いなづまがきらめき、その光で日本列島を白波（波が岩や風などにぶつかってくだけ、白く見えること）がぐるりと取り囲んだように見えたというのは、まるではるか上空から地上を見下ろしたような視点をもっています。

春の海
終日のたり
のたり哉

俳句の意味

春の海では一日中、波がのたりのたりと寄せては返している（のどかな春の日だなあ）。

季語

春の海（春）

もっとくわしく

◆**終日**

「一日中」という意味の、和歌で使われる言葉。

◆**のたりのたり**

波がおだやかに寄せては返すようすを、蕪村風に表現した言葉。こうした言葉を、擬態語（オノマトペ）といいます。のんびりとした、春の海のふんいきが伝わってきます。

霜百里
舟中に我
月を領す

俳句の意味

両岸は霜におおわれた銀世界。淀川を船で百里も進む間、私は月をひとりじめしてながめている。

季語

霜（冬）

もっとくわしく

◆**船**

江戸時代、淀川を行き来して京と大坂をつないだ「三十石船」という客船がありました。その船で大坂から京へもどる場面の俳句です。

◆**中国風の表現**

実際は10里（約40km）ほどのきょりを「百里」と大げさにいい、漢字言葉でたたみかけるように言葉を連ねました。漢詩のような表現を使って、そう大さを演出しています。

ほととぎす
平安城を
筋違に

俳句の意味

ホトトギスがするどい鳴き声をたて、マス目状に区切られた京の町をななめに、一直線に飛んで行った。

季語

ほととぎす（夏）

もっとくわしく

◆**平安城**

平安城とは京の町のこと。マス目状の町並みを連想させたあと、そこをホトトギスの声がななめに横切るとよみ、速くするどい印象を生み出しています。

◆**ホトトギス**

夜や夜明けに鳴く、初夏の鳥として、古くから和歌によまれました。京のホトトギスは、北西から南東へ、鳴きながら飛ぶといわれていました。

ここがすごい！
蕪村の俳句 2

時間をこえる

自由自在な発想で日本と中国の歴史風景を効果的によむ

鳥羽殿へ五六騎いそぐ野分哉

俳句の意味

台風による激しい風雨の中、馬に乗った武士が5、6人、あわただしく鳥羽殿へ向かって行く（都で何か事件でも起きたのだろうか）。

季語

野分（秋）

もっとくわしく

◆**鳥羽殿**

平安時代中ごろに、鳥羽（京都市南部）に造られた宮でん（離宮）。白河上皇や鳥羽上皇が使いましたが、蕪村の時代には失われていました。

◆**野分**

秋にふく暴風、台風。

◆**古典の世界**

『保元物語』など、平安時代後期をぶたいとした軍記物語の世界を想像させます。「いそぐ」と表現することで、いかにも急を告げるかのようによんでいる点が見どころです。

易水にねぶか流るる寒かな

俳句の意味

荊軻の歌で有名な易水は、目の前を寒々と流れている。ふと見ると、そこをネギが1本、昔のことなど知らぬふうに、ぷかぷかと流れていく。

季語

ねぶか・寒（冬）

もっとくわしく

◆**易水**

中国の河北省を流れる川。秦の始皇帝＊1の暗殺に向かう直前に、荊軻がこの川のほとりで、「風蕭々として易水寒し、壮士一たび去りて復た還らず（風がさみしげにふき易水は寒々と流れている。りっぱな男は一度旅立ったら、二度ともどることはない）」と詩を歌った話が有名です。

◆**俳句らしさ**

易水から思いうかぶきん張感や厳しい寒さに、ごく身近なネギ（ねぶか）を組み合わせたおかしみ。これが俳句らしさであり、蕪村らしさでもあります。

＊1 始皇帝：紀元前259～紀元前210年。中国史上初めて中国を統一して、皇帝となった人物。荊軻は始皇帝を暗殺しようとして失敗し、殺された。

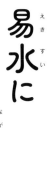

揚州の津も見えそめて雲の峯

俳句の意味

（長い船旅の末）ようやく揚州の港が見えてきた。町の活気をほこるかのように、上空には入道雲がわき立っている。

季語

雲の峯（夏）

もっとくわしく

◆揚州
中国の江蘇省、揚子江（長江）沿いに栄えた港町。

◆雲の峯
入道雲（積乱雲）のこと。

◆詩の続き
李白＊2の詩の一節「煙花三月揚州に下る（春がすみがただよう3月に、揚子江を船で下り揚州へ行く）」の続きのような句。蕪村は季節を春から夏に移し、想像の中で大河を下り、揚州の町と入道雲を見たようによみました。

高麗舟のよらで過ゆく霞かな

俳句の意味

春がすみの中、岸から遠くはなれた海上に異国の船が姿を現した。こちらの港に寄るのかと思ったのにそのまま通り過ぎ、かすみの中に消えていった。

季語

霞（春）

もっとくわしく

◆高麗船
高麗とは朝鮮半島のことで、高麗船は、朝鮮の船という意味。ここでは広く異国船のこと。このころロシアなどの船が日本に近づくことがありました。

◆霞
きりやもやによって、遠くの景色がぼんやりと見えることを、春は「かすみ」、秋は「きり」とよび分けて、古くから和歌によまれてきました。

白梅や墨芳しき鴻臚館

俳句の意味

鴻臚館の庭には白梅の香りが満ち、広間には墨のにおいがただよっている。国内外の人々が集まり、詩をよんで交流しているのだろう。

季語

白梅（春）

もっとくわしく

◆鴻臚館
奈良～平安時代に、外国の使節をむかえ、もてなすために作られた施設。京、難波（大阪）、大宰府（福岡）の3カ所にありましたが、蕪村の時代にはすでに無くなっていました。

◆白梅と墨
白梅と墨を、香り、そして色（白と黒）で対比しています。気品ただよう清々しい俳句になっています。

＊2 李白：701？～762年。中国・唐の詩人。杜甫とともに中国を代表する詩人とされる。酒好きで、ワクワクさせるような名詩が多い。

ここがすごい！蕪村の俳句 3

おかしみとその奥深さ

思わず笑顔になるおかしさと上品な味わいの両立

戸をたたく狸と秋をおしみけり

俳句の意味

家の戸をたたく音がする。だれかと思って見れば（顔なじみの）タヌキだった。過ぎ行く秋をいっしょにおしんだよ（タヌキもさみしかったのかなあ）。

季語

秋おしむ（秋）

もっとくわしく

◆タヌキの正体

実際に蕪村の家に、タヌキがやって来たのでしょうか。でも蕪村の家は京の町なかです。風が戸にふきつける音を聞いて、タヌキが戸をたたくようすを想像したのかもしれません。

蕪村こぼれ話

蕪村は大のしばい好き

「はなやかなしばいは、本当に都の楽しみというものだ。田舎では夢にも見られない」といった内容の、蕪村の文章が残っています。蕪村は歌舞伎などのしばいが大好き。蕪村の家から徒歩20分ほど、現在は南座がある四条通沿いにはしばい小屋が立ち並び、にぎわっていました。蕪村はそうしたしばいを見に行って楽しみ、感想を書いた手紙を友人に送ったり、役者や台本の作者と交流をもったりしました。家でこっそりしばいのまねまでして遊ぶこともありました。

蕪村先生 こんな深夜に 何を……
わっ 家にだれも いないから 今日見た しばいのまねを ちょっとね……

阿古久曽のさしぬきふるふ落花哉

俳句の意味

阿古久曽くんが、さしぬきのすそのひもを解いて、中にためておいたサクラの花びらをぱっとふりまいたよ。

季語

落花（春）

もっとくわしく

◆阿古久曽

紀貫之の子どものころの名前。貫之は、和歌の教科書とされる『古今和歌集』の撰者を務めた、平安時代初期の和歌の名人です。

◆さしぬき

はかまの一種で、すそに通したひもで足首をくくってはきます。

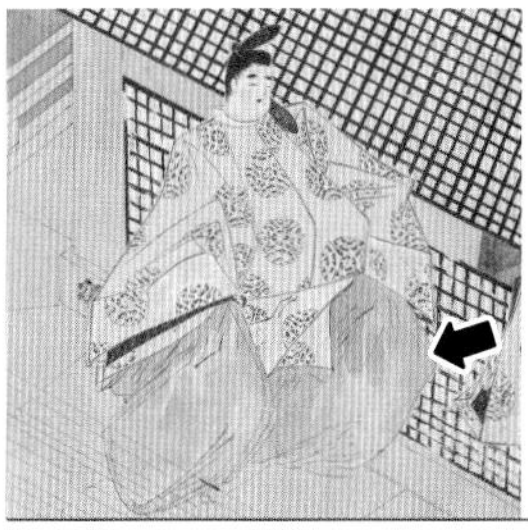

まるめろはあたまにかねて江戸言葉

俳句の意味

（この間いただいた）マルメロの実は、親友の毛越さんや私のつるんとした頭にそっくり。私は京に来たばかりで江戸弁まる出しですが（上品な京言葉は使えませんが）、よろしくお願いします。

季語

まるめろ（秋）

もっとくわしく

◆マルメロ

洋ナシのような形をした、カリンによく似た果実。江戸時代初めにヨーロッパから伝わりました。ここでは頭を「まるめる」（かみをそる）とかけて使っています。また「ろ」と命令口調なのは、古代から東国風の言葉づかいとされます。

雲の峰に肘する酒呑童子かな

俳句の意味

夏空にモクモクと入道雲がわいている風景は、まるであの伝説の酒呑童子が酒によって雲のみねにひじをつき、こちらをにらんでいる姿のようだ。

季語

雲の峰（夏）

もっとくわしく

◆雲の峰

入道雲（積乱雲）のこと（11ページ）。

◆酒呑童子

平安時代に丹波（現在の京都府北部）の大江山に住んでいたとされる、おにのリーダー（とうぞくとも）。酒によいつぶれたところを、源頼光らによって退治されたという伝説があります。江戸時代、しばいの題材となって人気が出ました。丹波の山にわき立つ入道雲を「丹波太郎」とよぶことから連想されたともいわれます。

ここがすごい！
蕪村の俳句 4

恋心を意欲的によむ

俳句にするのが難しい恋のようすを巧みによむ

恋さまざま願の糸も白きより

俳句の意味

5色ある七夕の糸も、もとは白い糸だったように、少女の願いも純真むくなものから始まって、やがてさまざまな恋をして、それぞれの人生の色に染まっていくことだろう。

季語

願の糸（秋）

もっとくわしく

◆願の糸
七夕のときに、ササダケにかけて願いごとをする5色（白・青・黄・赤・黒）の糸。昔は短冊ではなく、機織りや裁ほう、習い事の上達、恋の成就などを願い5色の糸をそなえていました。

蕪村こぼれ話

蕪村の恋
蕪村の結婚は45さいごろで、年のはなれた妻（とも）がいました。蕪村が讃岐国（現在の香川県）にいる間、弟子に妻やむすめのようすを見に行ってくれとたのむこともありました。家族思いで、生がい仲良く暮らしたのでしょう。そんな蕪村ですが、一時、小糸という芸者さんと親しくなりました。手紙に小糸のことを美人だと書き、いっしょに嵐山やしばい見物などに出かけました。小糸は俳句もよむ女性で、大坂の芸者うめなどとともに、句集にものっています。

我を慕ふ女やはある秋のくれ

俳句の意味

さみしい秋の夕暮れ。私のことを好きになってくれる女性が、この世にひとりぐらいいるだろうか（そうだったらこどくもなぐさめられるだろうに。いないだろうな）。

季語

秋のくれ（秋）

もっとくわしく

◆俳句的な恋

ちょっとおしゃれですっきりした俳句。情熱的でこってりした表現が多い和歌に対し、このさっぱりしたところが俳句らしい恋の表現です。

燃立て顔はづかしき蚊やり哉

俳句の意味

夏の夜、若い男女が親し気に話をしていると、蚊やりの火がぱっと燃え上がった。ふいに顔が照らし出されて、ふたりは気はずかしさに顔を赤らめた。

季語

蚊やり（夏）

もっとくわしく

◆蚊やり

木の青い葉や切りくずなどを燃やしてけむりを大量に出し、蚊を追いはらう道具。蕪村のころは、火おけがよく使われていました。

目にうれし恋君の扇真白なる

俳句の意味

（若者が大勢いるなか、）ひそかに好きになった相手が持っている扇が真っ白だった（きっとまだだれとも恋をしていない）。目にもうれしい（カッコイイ！）。

季語

扇（夏）

もっとくわしく

◆恋君

恋君が男性か女性か、この句には書いてありません。恋する相手が女性の場合は、「妹」がよく使われ、ものうのない白い扇が男性らしいことから、恋君は男性と考えられます。恋に胸ときめかせる女性の気持ちをよんだ俳句なのでしょう。

◆白い扇

まだまったく恋に染まっていないことをほのめかしています。

ここがすごい！
蕪村の俳句
5

小説のような俳句

17文字しかないのに物語を読んだ気持ちになる俳句

御手討の夫婦なりしを更衣

俳句の意味

お手討になるところを許されて、めでたく夫婦となり、ひっそりと幸せに暮らしている。新婚として衣がえの季節をむかえ、生きていることの喜びをかみしめている。

季語

更衣（夏）

もっとくわしく

◆**御手討**
主君によってきり殺されること。当時、武士の家に仕える男女が恋愛をすることは、許されませんでした。この俳句では、好き合ったため殺されるはずだった男女が、なんらかの理由で許されて夫婦となり、生きる喜びを実感しているという設定です。蕪村は想像した物語を俳句にすることが得意でした。

◆**更衣**
江戸時代には陰暦*の、4月1日（と10月1日）が衣がえと決まっていました。

河童の恋する宿や夏の月

俳句の意味

夏の夜、あわい月明かりに照らされた水辺の家を、カッパがしきりに見つめている。きっと家の中には、カッパが恋するむすめがいるのだろう（おとぎ話風の片思い）。

季語

夏の月（夏）

もっとくわしく

◆**河童**
カッパのこと。「かわたろ」は、京都地方でのカッパのよび名。

＊陰暦：月の満ち欠けをもとにした暦（カレンダー）。旧暦（太陰太陽暦）。明治時代に現在のグレゴリオ暦（新暦）に変わるまで、日本で使われていた。

猿どのの夜寒訪ゆく兎かな

俳句の意味

日も暮れて、寒くなってきた山道をウサギが歩いているよ。友だちのサルを訪ねて行こうというのだ。

季語

夜寒（秋）

もっとくわしく

◆**夜寒**

秋、日が暮れると急に寒くなってくること。

宿かせと刀投出す雪吹哉

俳句の意味

吹雪の夜、（転がりこむように）家に入って来た武士が、いきなり刀を投げ出して、「一夜の宿を貸せ（ひと晩とめてくれ）」とおどすようにたのんでいる。

季語

雪吹（冬）

もっとくわしく

◆**吹雪**

ドラマや映画のきんぱくした場面を、するどく切り取ったような俳句。刀を投げ出すほど切羽つまった武士のようすから、吹雪の激しさも伝わってきます。でも、武士の命ともいうべき刀を投げ出すなんて！　何だか、小説の一場面のような俳句です。

折釘に烏帽子かけたり春の宿

俳句の意味

ある春の日、帽子かけさえないそまつな家に着くや、男は烏帽子を折釘にかけた（貴族の男性が、貧しい女性のもとを訪れた）。男は一夜、ここにとまるのだろう。

季語

春の宿（春）

もっとくわしく

◆**折釘**

頭の部分を折り曲げたクギ。柱などに打ち付けて、物をかけたりするのに使います。折釘しかないということは、そまつな造りの家であることがわかります。

◆**烏帽子**

平安時代ごろに始まった、成人男性がかぶるぼうし。材質は紙や絹など。時代や身分によって、さまざまな形があります。

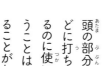

コラム

蕪村の言葉と

はいかいほど
さるかしこきものはあらじ。
わづか十七字にて、
三十一字のこころをも
自在に云縮るもの也

言葉の意味
俳諧（俳句）ほど、優れたものはないでしょう。たった17文字で、31文字で表す和歌の心までも、自由自在にぎょう縮して言うことができるのです（＝俳諧は和歌をこえるんですね）。

俳諧に名あらむことを
もとめざるも、
同じおもむきなりけり。

言葉の意味
俳諧で有名になろうなんて思っていないのも、（百川先生と）私は同じ考えです。

三日翁の句を唱へざれば、
口むばらを生ずべし。

言葉の意味
たった三日、芭蕉さんの俳句を声に出して唱えないだけで、きっと口の中にイバラが生えるにちがいありません。

俳諧は
俗語を用て
俗を離るるを尚ぶ。
俗を離れて俗を用ゆ、
離俗の法最もかたし。

言葉の意味
俳諧ではふだん使っている言葉を使いつつ、日常生活からははなれることを大切にしています。（心は）日常をはなれて言葉はふだんのものを使う、その「離俗の法」が何よりも難しいのです。

丹青老いの至るを
知らず

言葉の意味
絵をかいていると、あっというまに時間が過ぎて、年をとったことに気づきません。（「丹青」は赤と青の絵の具で、ここでは絵をかくことを指します）

蕪村のファンたち

蕪村は、あちこちから多くの俳人が会いにくるような、有名な俳句の名人でした。ところが江戸時代が終わるころには、俳句といえば松尾芭蕉ばかりで、蕪村はほとんど忘れられていました。やがて時代が明治に変わると、正岡子規が蕪村に注目するようになります。子規は時代に合った新しい俳句を求め、蕪村の俳句をそのお手本にしました。また友人や弟子たちにも蕪村を広めたので、そこから少しずつ蕪村の評価が高まっていきました。

その後、1936年に萩原朔太郎が発表した本によって、蕪村の作品の新しいみりょくが広まり、ファンが増えました。

色々な俳句を読んでいて、
気がつくと「いいな」と思う句の
多くが蕪村の作だったんだ
俳句仲間たちと
大いに蕪村の俳句を勉強して、
あまりに「蕪村」「蕪村」と
くり返し言っていたら
「蕪村派」なんてよばれたっけ

明治時代の俳人・歌人
正岡子規

江戸時代の与謝蕪村は、
私のお兄さまともいうべき人だわ
お兄さまの俳句を集めた大切な本に
赤い線を引きながら読んだものよ
私が蕪村に目覚めたのは
正岡子規先生のおかげだけれど、
蕪村からは人生や自然に対する感じ方、
それに日本語で詩を作る技術
などを学んだわ

明治～大正時代の歌人
与謝野晶子

もっと蕪村の俳句が
読みたい！
まぼろしの
『蕪村句集』＊を
見つけて来た人に
賞品を出そう！

正岡子規の先ぱい
内藤鳴雪

初めは俳句って
興味なかったんだけどね
ふしぎに蕪村の俳句だけは
ピンっと来たんだ
蕪村の俳句からは
とりわけ「郷愁」
（故郷や昔をなつかしみ、
心ひかれる思い）を
感じるんだ
きっとそれは
蕪村のたましいの
故郷に対する「郷愁」であり
昔聞いた子守うたへの
なつかしさであり……

大正～昭和の詩人
萩原朔太郎

＊『蕪村句集』：蕪村の死後、弟子の几董が蕪村の俳句をまとめて作った句集。

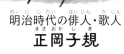

心を包みこむ俳句 1

しみじみとしたなつかしさ

じんわりとしみわたる故郷や家族への思い

遅き日のつもりて遠きむかしかな

俳句の意味

春の長い一日も、ようやく暮れようとしている。今日のような（のどかな）日が積もり積もって年月がたち、昔のことが遠ざかっていくのだなあ。

季語

遅き日（春）

もっとくわしく

◆遅き日

「日が暮れるのがおそい春の日」という意味で、春の夕暮れ時をいいます。おだやかな春の気分を表現した句で、「遅き」「遠き」といった「き」のくり返しからは、時間が積み重なっていくようすが感じられます。

蜻蛉や村なつかしき壁の色

俳句の意味

トンボが飛び交う姿を見ると、幼いころを過ごした村の、夕日に染まるかべの色がなつかしく思い出されることだ。

季語

蜻蛉（秋）

もっとくわしく

◆村

「なつかしき」とあることから、生まれ故郷のことと想像されます。でも蕪村の、とはかぎりません。あなたの故郷でもいいのです。

蕪村こぼれ話

蕪村の生まれ故郷・毛馬

蕪村は摂津国の毛馬村（現在の大阪市都島区）で生まれました。毛馬村は淀川の改修工事によって、現在は川底にしずんでしまいました。しかしもとは京と大坂を結ぶ淀川沿いにあり、「幼いころ、春の天気の良い日には、友だちとつつみに登って遊んだ」など、手紙にも書いています。「春風馬堤曲」（28ページ）のぶたいでもあります。

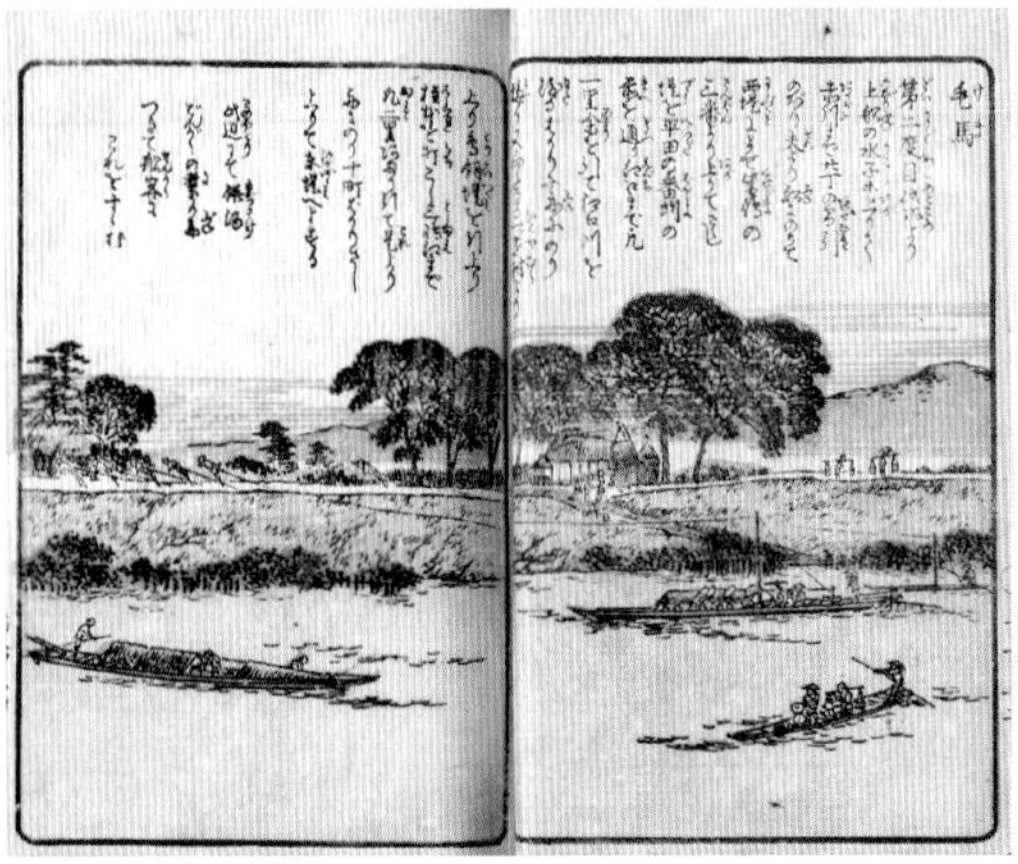

埋火や
ありとは見えて
母の側

俳句の意味

いろりの灰の中にうずめた炭火のほのかなぬくもりが、今は亡き母のそばにいるような気持ちにさせてくれる。

季語

埋火（冬）

もっとくわしく

◆埋火

火をおこした炭を、灰の中にうめたもの。

花いばら
故郷の路に
似たる哉

俳句の意味

白いイバラの花がさいている。（色も香りも、幼いころにかけ回った）故郷の道にそっくりだなあ。

季語

花いばら（夏）

もっとくわしく

◆花茨

「茨」とは背の低いバラ科の植物のことで、「花茨」は花をさかせるイバラやその花のこと。野山に多く生えていることから、ここではノイバラを指すと考えられます。

◆中国の詩

実際の景色をよんだ句ではなく、李白や陶淵明＊の漢詩にヒントを得て、作られた句とされます。なつかしさをよびおこす句でもあります。

とし守夜
老はたうとく
見られたり

俳句の意味

家族がそろった大みそかの夜、年を重ねた老人はことさら尊敬を集めることだ。

季語

とし守（冬）

もっとくわしく

◆とし守

「とし守」とは、大みそかの夜に家族そろって夜を過ごして、元旦をむかえること。当時の年れいは生まれたときを1さいとして、1月1日にひとつずつ年を加えていきました（数え年）。この夜が明ければまた1さい年を重ねる、そんな老人をうやまう気持ちがこめられた俳句です。

＊ 陶淵明：365〜427年。中国の詩人で、日本で親しまれた。故郷の田園生活や自然をうたった詩が多い。

なにげない心の動き

ふとしたしゅん間の心の動きをあざやかに表現

夏河を越すうれしさよ手に草履

俳句の意味

(暑い夏の日に、水が減って)浅くなった河を、冷たい水に足をつけてわたっていく。手にぞうりをぶらさげて……。その心地よさといったら!

季語

夏河(夏)

もっとくわしく

◆加悦

宮津(京都府)にたい在していた蕪村が、友人に会うため、近くの加悦という場所に出かけたときの俳句。友人の家の前に細い川があり、そこをわたるときのようすを句にしたようです。数少ない、蕪村の宮津時代の俳句のひとつ。加悦は蕪村の母の出身地ともいわれています。

蕪村こぼれ話

蕪村の宮津たい在

蕪村は39さいから3年半ほど、丹後国(現在の京都府北部)の宮津にある見性寺にたい在します。この間、集中的に絵に取り組みました。『妖怪絵巻』(左の図)は、宮津時代の蕪村の作品のひとつで、見性寺に装しょくとしてえがかれていたとされるもの。個性的な妖怪がえがかれています。

腰ぬけの妻うつくしき巨燵かな

俳句の意味

こしがぬけた姿で、働き者の妻がこたつに入ったままでいる。その姿ははっとするほど美しく、改めて見直した。

季語

巨燵（冬）

もっとくわしく

◆**腰ぬけの**

「腰ぬけの」とはふつう、こしが悪く、自由に立ち上がれない状態のこと。さらに、やる気がない、だらしがないようすをいいます。ここでは、いつもは働き者の妻がめずらしくこたつに入っているようすを見た夫が、妻にほれ直した気持ちを句にしています。

身にしむやなき妻のくしを閨に踏

俳句の意味

夜、しん室でふと足にふれた（ふんだ）のは、亡くなった妻が大切にしていたくしだった。生前の妻のことが思い出されて、秋の夜の寒さがしみじみ身に染みるなあ。

季語

身にしむ（秋）

もっとくわしく

◆**閨**

しん室のこと。

◆**なき妻**

何かのはずみで妻のくしをふんだことから、さまざまに妻のことが思い出され、しみじみとさみしく感じる心の動きが、手に取るように伝わってきます。ただし蕪村は妻を亡くしておらず、空想で作られた俳句です。

几巾きのふの空のありどころ

俳句の意味

大空にたこがあがっている。あのたこは、昨日も、おとといも、そしてずっと昔からあったんだ（そう、私が子どものころから……）。

季語

几巾（春）

もっとくわしく

◆**几巾**

たこあげ、またはたこのこと。江戸時代には「いかのぼり」とよばれていました。たこあげという みんなが知っている正月の風景*と、蕪村の個人的な思い出が重なり、読む人の記おくを引き出すような俳句です。

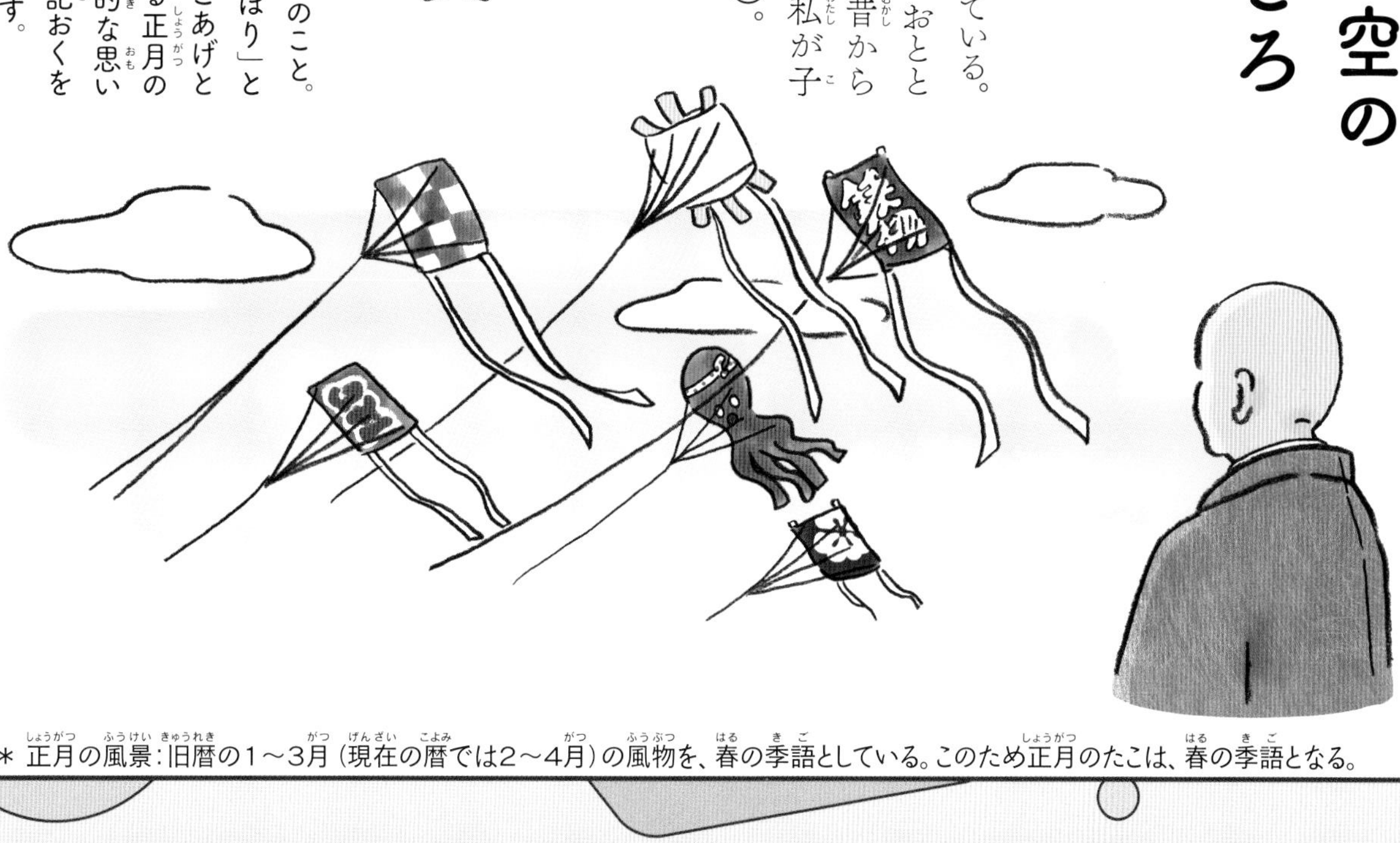

＊ 正月の風景：旧暦の1～3月（現在の暦では2～4月）の風物を、春の季語としている。このため正月のたこは、春の季語となる。

身近な暮らしのひとコマ

なにげない日常を、せんさいにとらえる

鰒汁の
宿赤あかと
燈しけり

俳句の意味

時には毒に当たって死んでしまうこともあるフグ汁を売る店。その店は赤々と明かりをともしていることよ（人々が集まって、フグ汁を食べ温まっているんだろう）。

季語

鰒汁（冬）

もっとくわしく

◆鰒汁

フグのみそ汁のような料理のこと。フグは毒があるため値段が安く、町人たちはよく食べていたようです。身近な食材だったためか、芭蕉をはじめ、多くの俳人がフグやフグ汁を俳句によんでいます。

うづみ火や
我かくれ家も
雪の中

俳句の意味

埋火が白い灰の中にかくれているように、私も雪の中にうまったかくれ家にひっそりと暮らしている。

季語

うづみ火（冬）

もっとくわしく

◆うづみ火

火を起こした炭を、灰の中にうめたもの（21ページ）。

◆心の風景

京では、家をすっぽりおおうほどの雪はめったに降りません。また蕪村の家は町中にあったので、「かくれ家」とはよべないでしょう。雪国の暮らしぶりを想像したとも、こんなふうに暮らしてみたいという、ひそかなあこがれをよんだともとれます。

負まじき角力を寝ものがたり哉

俳句の意味

「負けるはずがなかったのに」と、その晩ふとんに入って横になっても、負けたすもうのぐちを言っている（そうして秋の夜がふけていく）。

季語

角力（秋）

もっとくわしく

◆**角力**

すもうは古代からありましたが、蕪村が生きた江戸時代には、寺や神社でお供えとしてすもうが行われていました。当時は京や大坂でも、さかんだったようです。

◆**寝ものがたり**

いっしょにねながら、ねる前にあれこれ話すこと。負けたことをぐちる力士のそばには、それを聞く妻がいるのでしょう。

秋の燈やゆかしき奈良の道具市

俳句の意味

秋の日も暮れかけた奈良の道ばたに、道具市が出ている。古都・奈良らしく趣深い品々が並び、それらを照らす灯りもどことなくなつかしい。

季語

秋の燈（秋）

もっとくわしく

◆**道具市**

古道具を売り買いする店が並んだ市場。

◆**奈良**

奈良は古代の都ですが、歴史的な場所としてではなく、なつかしい、風情のある場所としてよんでいます。蕪村が見つけた新しい視点といえます。

蕪村こぼれ話

蕪村とすもう

蕪村の絵画作品には、自分や友人のすもうをよんだ俳句をそえた『角力図』（左の図）という俳画（34ページ）があります。そこでは「懐旧」という前書があり、昔の話として語られています。

また当時は「相撲発句合」という、ゲーム感覚の句会も開かれていました。これはすもうをテーマにした俳句を作って持ち寄り、発表してその出来を競うもの。蕪村もこうした句会を開いていたことがわかる手紙が残っています。すもうが俳句の題材として、よくある存在だったことがうかがえます。

よりそう自然

暮らしのかたわらにある自然を見つめる

月天心
貧しき町を
通りけり

俳句の意味

夜もすっかりふけて、月が天高くのぼり、ねしずまった貧しい町の家々を照らしている。その下を今、歩いていく私。月は貧富など関係なくかがやいている。

季語

月（秋）

もっとくわしく

◆**天心**
月が天の中心、空の中央の位置にあること。もとは中国の詩に使われていた言葉です。

窓の燈の
梢にのぼる
若葉哉

俳句の意味

窓からこぼれ出た光がこずえ（木の幹や枝の先）を走り、若葉を照らしてかがやかせている。

季語

若葉（夏）

もっとくわしく

◆**梢にのぼる**
夜、窓からもれ出た光が若葉を照らすようすの表現。ちょうど反対の光景をよんだ、「たかどの灯影にしづむ若葉哉（遠くの高い建物に明かりがつくと、近くの若葉がやみの中にしずんで見える）」という俳句も、蕪村は作っています。

骨拾ふ人にしたしき菫かな

俳句の意味

亡くなった人を、野原で火そうして骨を拾う。辺りのスミレもうつむきかげんで、いっしょに悲しんでくれているようだ。

季語

菫（春）

もっとくわしく

◆**蕪村ならではの組み合わせ**

そう式での「お骨を拾う」という動作にスミレを組み合わせたところが、この俳句のポイント。深刻になりそうな場面にスミレをそえて、さらりと絵をえがくような俳句にしています。

愁ひつつ岡にのぼれば花いばら

俳句の意味

暗い気持ちでおかに登ると、そこには白いイバラの花がさいていた。心がなごむことだ。

季語

花いばら（夏）

もっとくわしく

◆**うれい**

不安や心配、悲しみなどの暗い気持ち。ゆううつ。「うれえ」とも。

◆**花いばら**

ノイバラのこと（21ページ）。この句のヒントとなった陶淵明の詩では、家族と再会したうれしい気持ちでおかに登ることから、この「花いばら」は蕪村の思い出やなつかしさの印でしょう。ただしイバラにはとげがあるので、つらい気持ちも混じっているかもしれません。

水にちりて花なくなりぬ岸の梅

俳句の意味

岸辺のウメの木の花が散ると、花びらは水の上に落ち、たちまち流されてしまう（あとには、花のないウメの木が残るばかりだ）。

季語

梅（春）

もっとくわしく

◆**蕪村の意図**

美しい春先の景色をえがき出した俳句。ですが、それだけではないからよくかみしめてほしいと、蕪村は弟子への手紙に書いています。花びらを水に流されつくしたウメが岸辺に立っている姿は、人の世のありさまのようであり、年老いた姿のしょうちょうのようだと蕪村はいいます。景色と人の心が重なり合うのです。作者の本心に近づく大切さを教えています。

コラム

それまでにない詩 ——『春風馬堤曲』

やぶ入や浪花を出て長柄川
春風や堤長うして家遠し
堤ヨリ下リテ芳草ヲ摘メバ　荊ト蕀ト路ヲ塞グ
荊蕀何ゾ妬情ナル　裙ヲ裂キ且ツ股ヲ傷ツク
渓流石点々　石ヲ踏ンデ香芹ヲ撮ル
多謝ス　水上ノ石ノ　儂ヲシテ裙ヲ沾ラサザラシムルヲ
（中略）
春草路三叉中に捷径あり我を迎ふ

詩のぶたいは、淀川沿いの蕪村の生まれ故郷の辺り（20ページ）。蕪村は、里帰りの少女の姿を通して、自身の故郷への思いを詩にしたと考えられます。

たんぽぽ花咲り三々五々五々は黄に
三々は白し記得す去年此路よりす
憐みとる蒲公茎短して乳を浥
むかしむかししきりにおもふ慈母の恩
慈母の懐袍別に春あり
（後略）

詩の意味

私はやぶ入りで帰省しようと、浪花（大坂）の町をぬけて、長柄川（淀川）にたどり着いた。春風が吹き、長く続くつつみに上がると、家まではまだ遠い。つつみから川辺に降りて、香りのよい春の草をつむと、トゲのあるイバラが生えて道をふさいでいる。トゲのイバラさん、どうして私に焼きもちを焼くの？　着物のすそを引きさいたり、私のふとももを傷つけたりして。

川の流れには石が点々とあって、私はその石をふんで香りのよいセリをつむ。ありがとう、水辺の石さん、私の着物のすそをぬらさずにすむようにしてくれて。

（中略）

春の草が生えた道が3つに分かれている。その真ん中が、家への近道だとでもいうように私をむかえてくれる。

タンポポがあちこちにさいている。黄色いのもあれば白い花もある。覚えているわ、去年、この道を通って大坂へ行ったことを。かわいいと思ってタンポポの花をつみ取ると、短く折れた茎から白いちちがこぼれ出た。すると昔のことがしきりに思い出されてならない。それにしても、優しいお母さんの愛情。優しいお母さんの温かなふところには、この世の春とはまた別の春がある。（後略）

もっとくわしく

◆やぶ入り
商店にほう公（住みこみで働くこと）に出ていた人が、休みをあたえられて実家に帰ること。またはその休日のこと。正月とお盆過ぎに「やぶ入り」がありました。

◆新しい詩
俳句、漢詩、現代日本の詩のようなうたいぶりが混ざった、それまでになかった詩の形です。

南画の名人・与謝蕪村

中国の絵のまねからはじめて
独自のやわらかであたたかな作風に

南画の名人として活やく 俳句の味わいをもつ絵も得意

与謝蕪村にとって俳句はしゅ味に近く、本業は絵師でした。ただし先生から絵を学んだことはなく、中国の絵などをかき写しながら、独りでうでをみがいたと考えられています。

蕪村はさまざまな種類の絵をえがきましたが、専門は「南画」です。日本の絵師が中国の「文人画＊」にあこがれて生み出し、江戸時代中期に盛んになりました。主として墨を使い、やわらかな筆づかいで風景などをえがいた作品が多く見られます。特に蕪村の作品には、時間の経過や光の変化、身近な風景などがえがかれ、俳句に通じる味わいがあります。

『山野行楽図屏風』
向かって右側では、馬に乗った3人の文人が右から左へ進んでいきます。左側ではよっぱらった文人4人を、弟子たちが背負ったりひっぱったりしながら、左から右へ進んで行きます。ゆったりのんびりとした、秋の心地よいひと時が表現されています。

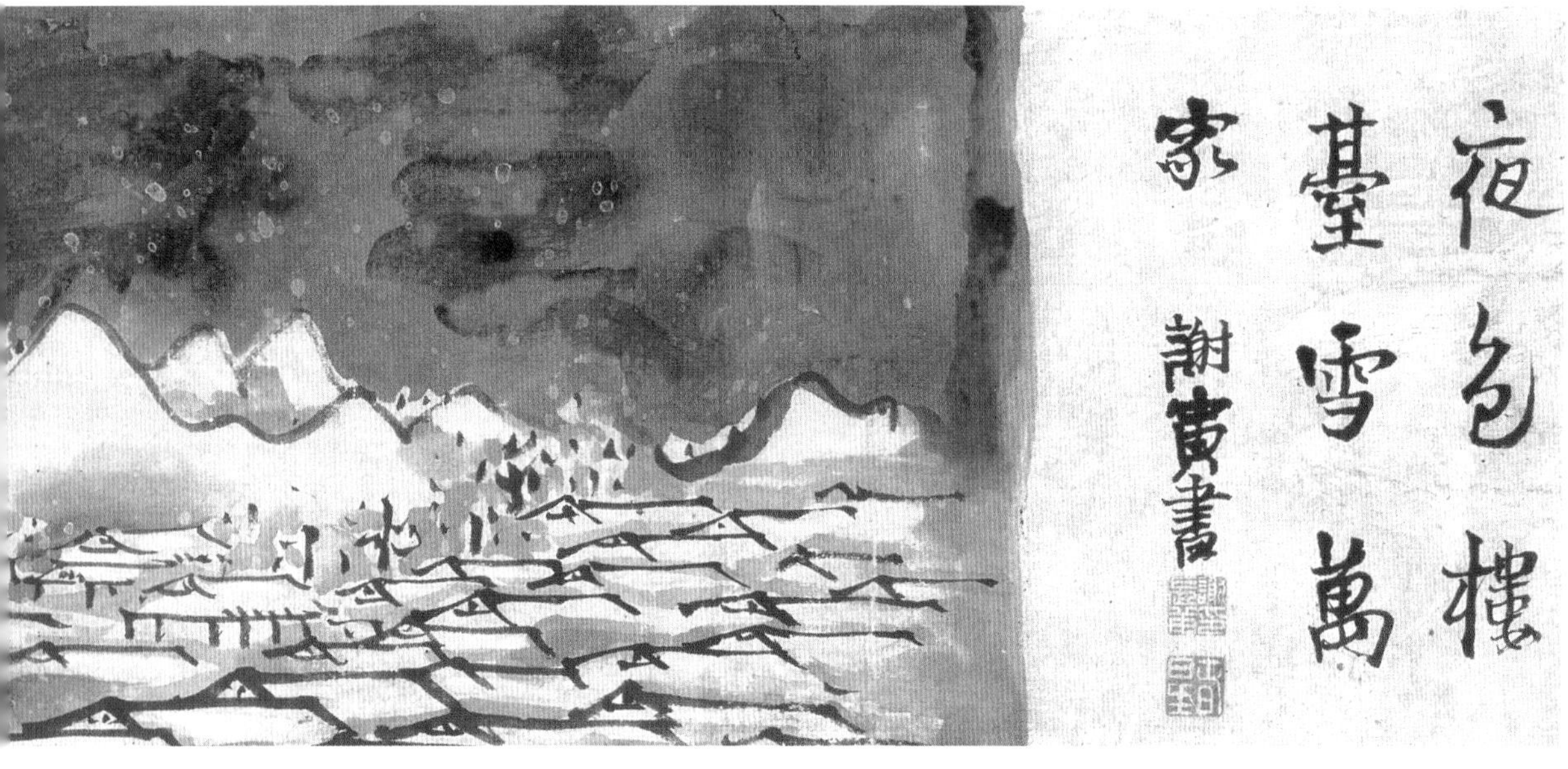

＊文人画：文人（中国の貴族や政治家）がしゅ味でえがいた絵。

蕪村こぼれ話

蕪村の讃岐たい在

蕪村は51さいのとき、妻と幼いむすめを京に残して讃岐（現在の香川県）を訪れます。讃岐へ行った理由ははっきりしませんが、讃岐の俳句仲間を通して、新たな絵の注文を得ようとしていたのではないかと考えられています。俳句はほとんど残っていませんが、漢詩も作ったようです。絵については琴平を中心に、丸亀や高松など各地に出かけ、ふすま絵など力作を15点ほど残しています。

『蘇鉄図屏風』左隻

もとは妙法寺（香川県）のふすまにえがかれていたもの。寺の住職と俳句仲間を通して知り合い、意気投合してえがいたとされます。手前のソテツをこく、おくのソテツをうすくえがくことで、おく行き感を出しています。

一見、水墨画に見えるけれど水墨画では使わない色々な技を使っている私独自の絵なんだ

『夜色楼台図』

どんよりと雲が垂れこめて雪がしんしんと積もり、建物の窓にはところどころ灯がともっています。寒いはずの雪景色ですが、どこかぬくもりを感じさせるところが最大のみりょく。蕪村になじみの深い、京の祇園・東山周辺の風景がえがかれているといわれます。

俳句心のある絵2

あこがれの芭蕉をえがく

尊敬する芭蕉の俳句の世界に絵と書を通してせまる

蕪村にしかできない芭蕉への尊敬の気持ちの表現

松尾芭蕉は江戸時代の初めに活やくし、現在に続く俳句のもとを作った人物です。約100年後、蕪村が活やくしたころ、芭蕉の俳句が見直されるようになりました。蕪村も芭蕉を尊敬し、芭蕉と同じく東北を旅し、弟子には「見せかけではない、芭蕉の俳句の深い精神」をつかむようにとさとすこともありました。

さらに蕪村は、俳句だけでなく絵や書でも、芭蕉の心にせまろうとしました。特に芭蕉の代表作「おくのほそ道」や「野ざらし紀行」といった紀行文を絵巻にすることもありました。

『奥の細道画巻』部分
「おくのほそ道」の全文に絵をそえ、絵巻にしたもの。蕪村は「おくのほそ道」を題材にした絵巻や屏風を数々手がけ、6、7点が確認されています。それだけ思い入れが強い題材だったことがうかがえます。

蕪村こぼれ話

芭蕉庵の再建

かつて金福寺（京都市）には、芭蕉庵＊とよばれる建物があったとされます。芭蕉は金福寺の鉄舟おしょうと親しく、たびたび訪れたため、その名でよばれるようになったと伝わります。しかし蕪村の時代には、あれ果てていました。そこで蕪村やその仲間たちが、寄付集めのための句会を開くなどして、5年かけて再建。再建のいきさつをまとめた本も作り、寺におさめました。そして蕪村が亡くなると遺言どおり、金福寺の芭蕉庵近くにお墓がつくられました。

蕪村が再建した芭蕉庵は、現在も残っています。

＊ 芭蕉庵：金福寺の芭蕉庵は、江戸深川（現在の東京都江東区）の芭蕉庵とは別の建物。

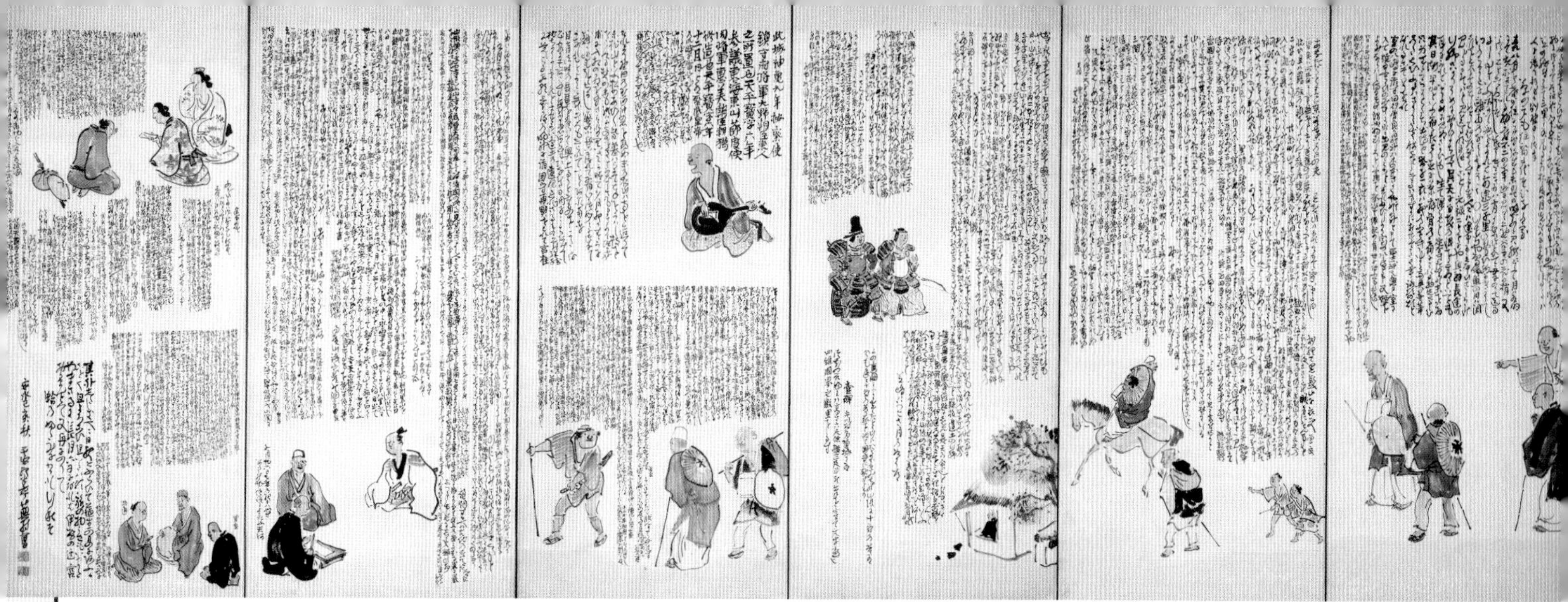

『奥の細道図屏風』 屏風に、芭蕉の「おくのほそ道」の全文を書き、絵をそえたもの。64さいのときの作品で、旅立ちなど9場面を、軽やかにえがいています。文字の線の太さや配置も工夫され、いきいきとした印象です。

『芭蕉翁立像図』
竹のつえを手にした、旅姿らしい芭蕉がえがかれています。左上は「人の短をいふことなかれ　己が長をとくことなかれ　もの云へば唇寒し秋の風」と書かれています。「他人の欠点を言うな、自まんをするな、(何か言うために口を開くと秋風がくちびるにふれて寒い＝)口は災いのもと」といった意味で、「もの云へば」は芭蕉の俳句です。蕪村の「うわべばかり芭蕉のまねをするな」というメッセージかもしれません。

芭蕉先生がこの世からいなくなって百年近くたつのに私はいまだにその境地にとう達できていない
芭蕉先生はすべてのお手本だ！

俳句心のある絵3

ひびき合う絵と俳句

俳句と絵を極めた蕪村だからこそえがけた「俳画」

俳句と絵のみりょくが増す蕪村の俳画の世界

俳句を書きそえた、走り書きのような絵を「俳画」といいます。俳人で一流の絵師だった蕪村は、俳画のけっ作をいくつもえがきました。ただし蕪村が生きた時代には「俳画」という言葉はなく、蕪村はこうした絵を「俳諧ものの草画（俳諧を簡単な筆づかいでえがいた絵）」とよんでいました。蕪村の俳画は、俳句と絵とがひびきあい、イメージを広げたり、笑いをさそったりしています。

俳句と絵を一枚におさめたもののほか、「おくのほそ道」をえがいた屏風や絵巻（32・33ページ）の絵も俳画といえます。

「俳諧ものの草画」では私がナンバーワン
だからね
これはここだけの話
なんだけど
あまり安く売らないでね

「学問は」自画賛

文と俳句

書窓懶眠
学問は尻から
ぬけるほたるかな

文と俳句の意味

書さいの机にひじを乗せてだらしなくねむる書生（学生）。勉強してもすぐ尻からぬける（忘れる）らしく、ホタルの光で学問をしても、しょせんその程度（そうならないように気をつけなさい）。

もっとくわしく

学問とホタルの組み合わせは、夏はホタルの光、冬は雪明かりで勉強したという中国の話から。なまける若者をユーモラス、かつチクりとからかっています。

＊1 歌枕：古くからよく和歌によまれていた有名な地名。吉野山、龍田川など。

『紫陽花にほととぎす図』

俳句

岩くらの
狂女恋せよ
ほととぎす

俳句の意味

岩倉の地で聞くホトトギスの鳴き声は、恋にやぶれて心をくるわせた女が泣きさけんでいるようだ。

もっとくわしく

岩倉は京都市北部の地名で、歌枕＊1。「狂女」にまつわる複数の物語があり、どれが俳句のもとかは不明です。血をはくまで鳴き続けるというホトトギスの声に、女が泣きさけぶ声を重ねているといいわれます。句によまれた女性を、あえて絵にしていない点にも注目です。

「又平に」自画賛

文と俳句

みやこの花のちりかかるは、光信が胡粉の剥落したるさまなれ
又平に逢ふや御室の花ざかり

文と俳句の意味

京の都で花が散るようすは、まるで土佐光信（室町時代の有名な絵師）がえがいた絵の胡粉（白い絵の具）がはがれ落ちてくるようだ。浄瑠璃（人形しばい）に登場する又平そっくりの風変わりな花見客に、御室（仁和寺）で出会ったことよ。

もっとくわしく

サクラが散るようすを絵から胡粉がはがれるようすに、よった客がうかれるようすを光信に認められて喜ぶ又平に重ねた表現。絵と俳句によって、物語の世界と現実の花見がとけ合っています。仁和寺はおそざきのサクラの名所。

「雪月花」自画賛

俳句

雪月花
つゐに三世の
ちぎりかな

俳句の意味

雪月花と（一年中）風流をともに楽しむうちに、三世（過去・現在・未来）にわたる主従の約束を結ぶことになった。

もっとくわしく

えがかれているのは、牛若丸（のちの源義経）と弁慶。俳句は能＊2に出てくる、弁慶のセリフをふまえたものですが、絵はのびやかでユーモアたっぷり。この落差が、俳画らしい表現ともいえます。

＊2 能：うたい（歌のようなセリフ）とまいが合わさった演げきで、室町時代に現在の形ができあがった。

コラム

蕪村と同時代に京で活やくした人々

蕪村より先に認められた南画の達人

池大雅

蕪村とならび、南画（30ページ）を確立した人物として知られています。蕪村より年下ですが、絵師として有名になったのは大雅が先。蕪村は大雅との『十便十宜図』の合作により、より有名になったといわれます。

蕪村と同じ年に生まれ近くに住んでいたことも

伊藤若冲

「動植綵絵」30幅などの作品で知られる、伊藤若冲。同い年で、一時、蕪村とは徒歩5分ほどのきょりに暮らしていましたが、交流していたようすは伝わっていません。その一方で、円山応挙とは交際がありました。

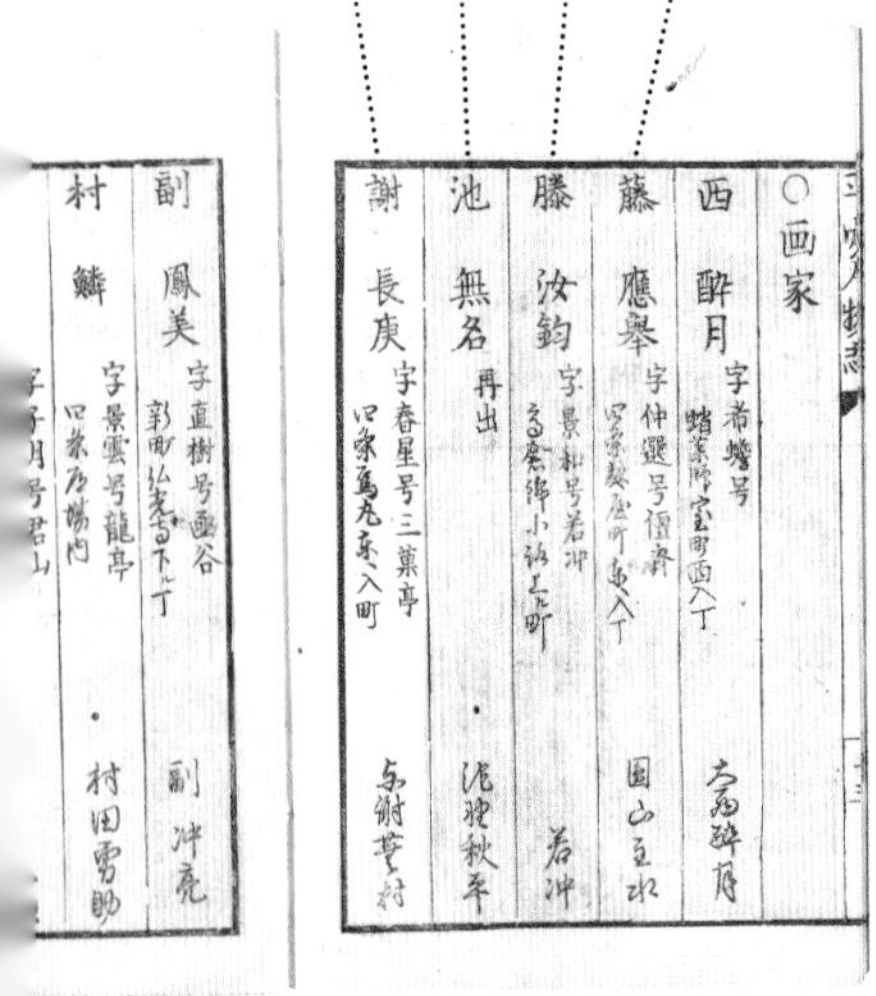

京の有名人をまとめた『平安人物志』。絵師のページには、蕪村や若冲、応挙などの名前が見られます。

「京師の人心、日本第一之悪性にて候（京の人々の心は、日本で一番性格が悪い）」と、与謝蕪村は手紙に書いています。55さいで、俳諧の宗匠となってまもなくの手紙です。蕪村は36さいで、京へやって来ました。一時、宮津や讃岐にたい在した以外は、ずっと京で暮らしていました。それでも「よそ者」として扱われたことがあり、気心の知れた門人だからこそ打ち明けたのでしょう。そんな蕪村もやがて京になじみ、俳句でも絵でも、京を代表する存在となりました。

蕪村のころの京は、学問や芸術が盛んで、のちの時代にえいきょうをあたえた人物が何人も現れました。経済的にも豊かで、文化を楽しむ伝統もあったので、さまざまな個性が生まれたのです。

蕪村と合作

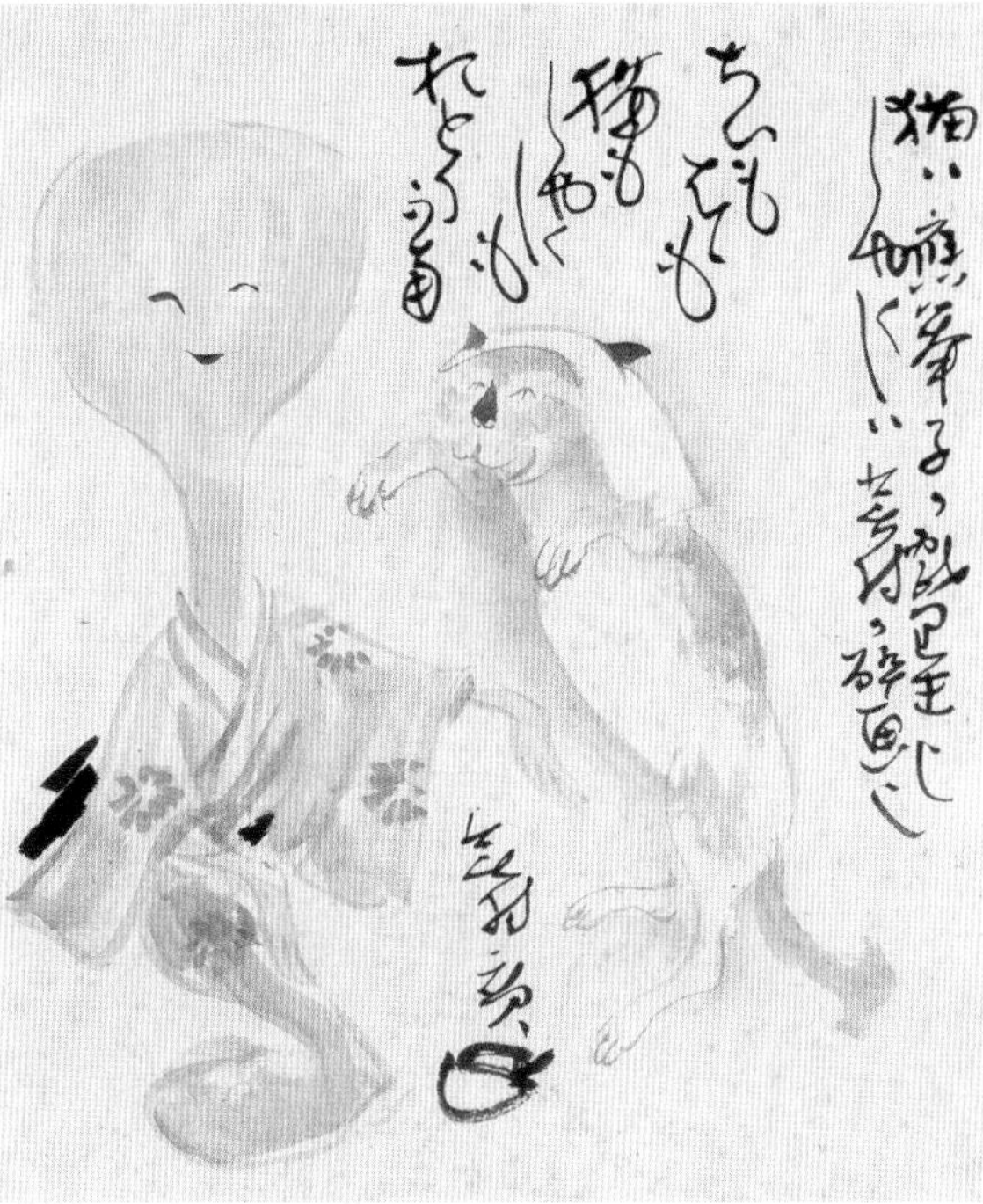

「ぢいもばばも」画賛

右はしの2行には、応挙が手ぬぐいをかぶっておどるネコを、蕪村が着物を着ておどるしゃもじをえがいたことが書かれ、中央には「ぢいもばばも猫もしやくしもおどりかな」(おじいさんもおばあさんも、ネコもしゃもじもおどっている)という蕪村の句が書かれています。

当時のスター絵師で蕪村とも仲良し

合作

作者

円山応挙

当時の京で、最も人気のあった絵師です。写生を重視した画風で人気となり、人がらもおだやかで、多くの弟子がいました。また、蕪村とは親しかったようで、いくつか合作も残しています。

蕪村と親しく交流し俳句のうでをみがく

上田秋成

『雨月物語』などで知られる作家。俳句のたしなみもあり、40さいを過ぎたころには蕪村と交流。蕪村の句会に出席したこともあります。蕪村のほか、若冲とも友人でした。

きばつな絵ときみょうな行動で有名

曽我蕭白

京の生まれですが、早くにはなれ、現在の三重県や兵庫県を旅しつつ絵をかいていました。42さいごろからは京で暮らします。池大雅と親しく、円山応挙を強く意識していたとされます。

蕪村の絵と俳句の弟子で、応挙の絵の弟子

作者

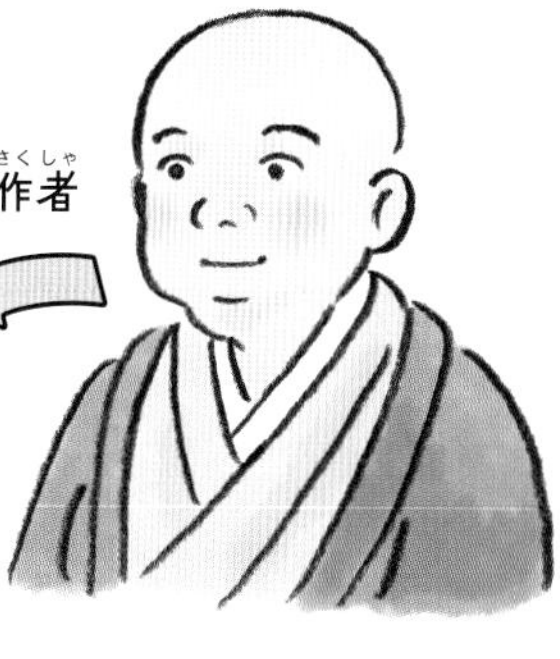

呉春(月渓)

京の出身で、20さいごろ蕪村に弟子入り。蕪村の死後は応挙の弟子となり、俳人としてより絵師として有名になりました。応挙や呉春の弟子たちはのちに円山・四条派とよばれ、京の絵画界の主流となりました。

もっと俳句と与謝蕪村を知るための本と施設

小学生のための俳句入門 君も あなたも ハイキング

佛教大学:編集　坪内稔典 :監修
くもん出版

小学生が作った175句のしょうかいを通して、俳句のおもしろさや作り方がわかる本。動物・植物・学校など10のジャンルに分かれているので、興味に合わせて読めます。

小学生のまんが俳句辞典 新装版

藤井圀彦:監修　Gakken

マンガで俳句のルールや、有名な俳人や俳句について解説。俳句を作るときのコツや季語の一覧もあり、コラムもじゅう実しているので、気軽に俳句の世界に親しむことができます。

俳句を楽しむ

佐藤郁良:著
岩波ジュニア新書

高校の国語の先生で、俳人でもある著者が、俳句の読み方や句会の進め方、季語のなりたちなどていねいに解説。俳句を味わい、作る楽しさが伝わってくる一冊です。

子どもおもしろ歳時記

金井真紀:文・絵　斉田仁:選句・監修
理論社

600以上の季語を、季節ごとに「たのしいこと」「しょくぶつ」などに分けて収録。イメージがふくらむようなひと言もそえられており、イラストと合わせて楽しく読めます。

大人も読みたい こども歳時記

季語と歳時記の会:編・著
長谷川櫂: 監修　小学館

身近な季語を中心に約370語収録。美しいカラー写真もふんだんにけいさいされて、イメージがわきやすくなっています。例句として、子どもが作った作品も見ることができます。

蕪村公園

大阪府大阪市都島区毛馬町1-1-12

蕪村が生まれた家があったとされる、淀川と大川の分岐点、毛馬水門近くに整備された公園。園内には蕪村に関する説明や、いくつもの句碑が建っています。近くの淀川沿いには、「蕪村生誕地碑」があり、蕪村が幼いころに見た景色、「春風馬堤曲」にうたった景色を想像するのもよいでしょう。

〈左〉公園内にある句碑。〈右〉淀川沿いの遊歩道にある、蕪村生誕地碑。

けいさい内容一覧

【俳句・文章の主な出典】

※出典は『蕪村全集 第一巻 発句』(講談社)、『蕪村俳句集』(岩波文庫)、『蕪村文集』(岩波文庫)をもとに整理したものです。

4～5ページ　春の海・菜の花や(蕪村句集)、牡丹散て(几董宛桃李草稿)、さみだれや(蕪村句集)、稲づまや(蕪村遺稿)、白露や・斧入て・宿かせと(蕪村句集)

8～9ページ　菜の花や(蕪村句集)、稲づまや(蕪村遺稿)、春の海・霜百里・ほととぎす(蕪村句集)

10～11ページ　鳥羽殿へ・易水に・揚州の・高麗舟の・白梅や(蕪村句集)

12～13ページ　戸をたたく(蕪村遺稿)、阿古久曽の(蕪村句集)、まるめろは(名月摺物)、雲の峰に(蕪村遺稿)

14～15ページ　恋さまざま(蕪村句集)、我を慕ふ(夜半亭発句集)、燃立て(連句会草稿)、目にうれし(蕪村遺稿)

16～17ページ　御手討の(蕪村句集)、河童の(詠草)、猿どのの・宿かせと・折釘に(蕪村句集)

18ページ　はいかいほど(俳諧自賛詞)、俳諧に名あらむことを(天橋図賛)、三日翁の(芭蕉翁付合集)、俳諧は俗語を(春泥句集)、丹青老いの(蕪村印譜)

20～21ページ　遅き日の(蕪村句集)、蜻蛉や(落日庵句集)、埋火や(夜半叟句集)、花いばら・とし守夜(蕪村句集)

22～23ページ　夏河を・腰ぬけの(蕪村句集)、身にしむや(夜半叟句集)、几巾(蕪村句集)

24～25ページ　鰒汁の・うづみ火や・負まじき・秋の燈や(蕪村句集)

26～27ページ　月天心・窓の燈の・骨拾ふ・愁ひつつ(蕪村句集)、水にちりて(蕪村遺稿)

28～29ページ　「春風馬堤曲」(新花摘)

【けいさい作品・資料】

13ページ　『紫式部日記絵巻』(模本)部分　東京国立博物館　出典:ColBase (https://colbase.nich.go.jp/)

17ページ　尾形光琳『伊勢物語八橋図』　東京国立博物館　出典:ColBase (https://colbase.nich.go.jp/)

18ページ　月渓『与謝蕪村像』　個人蔵　「別冊太陽 日本のこころ202 与謝蕪村」(平凡社)より転載

20ページ　暁鐘成『澱川両岸一覧』　大阪市立図書館

22ページ　与謝蕪村『妖怪絵巻』部分　個人蔵　『妖怪百物語絵巻』(国書刊行会)より転載

25ページ　与謝蕪村『角力図』　野村美術館

30～31ページ　与謝蕪村『蘇鉄図屏風』左隻　重要文化財　妙法寺
与謝蕪村『山野行楽図屏風』　重要文化財　東京国立博物館　出典:ColBase (https://colbase.nich.go.jp/)
与謝蕪村『夜色楼台図』　国宝　個人蔵　『生誕三百年 同い年の天才絵師 若冲と蕪村』展図録(サントリー美術館ほか)より転載

32～33ページ　与謝蕪村『奥の細道図屏風』　重要文化財　山形美術館・(山)長谷川コレクション
与謝蕪村『奥の細道画巻』部分　海の見える杜美術館
与謝蕪村『芭蕉翁立像図』　逸翁美術館

34～35ページ　与謝蕪村「学問は」自画賛　個人蔵　『生誕三百年 同い年の天才絵師 若冲と蕪村』展図録(サントリー美術館ほか)より転載
与謝蕪村『紫陽花にほととぎす図』　重要文化財　愛知県美術館 木村定三コレクション
与謝蕪村「雪月花」自画賛、与謝蕪村「又平に」自画賛　逸翁美術館

36～37ページ　池大雅『春景山水図』　クリーブランド美術館
伊藤若冲『動植綵絵』のうち「群鶏図」　皇居三の丸尚蔵館　出典:ColBase (https://colbase.nich.go.jp/)
『平安人物志』　京都府立京都学・歴彩館 京の記憶アーカイブ
円山応挙『郭子儀携小童図』　東京国立博物館　出典:ColBase (https://colbase.nich.go.jp/)
与謝蕪村・円山応挙「ぢいもばばも」画賛　海の見える杜美術館
月渓『渓山探薬図』　メトロポリタン美術館

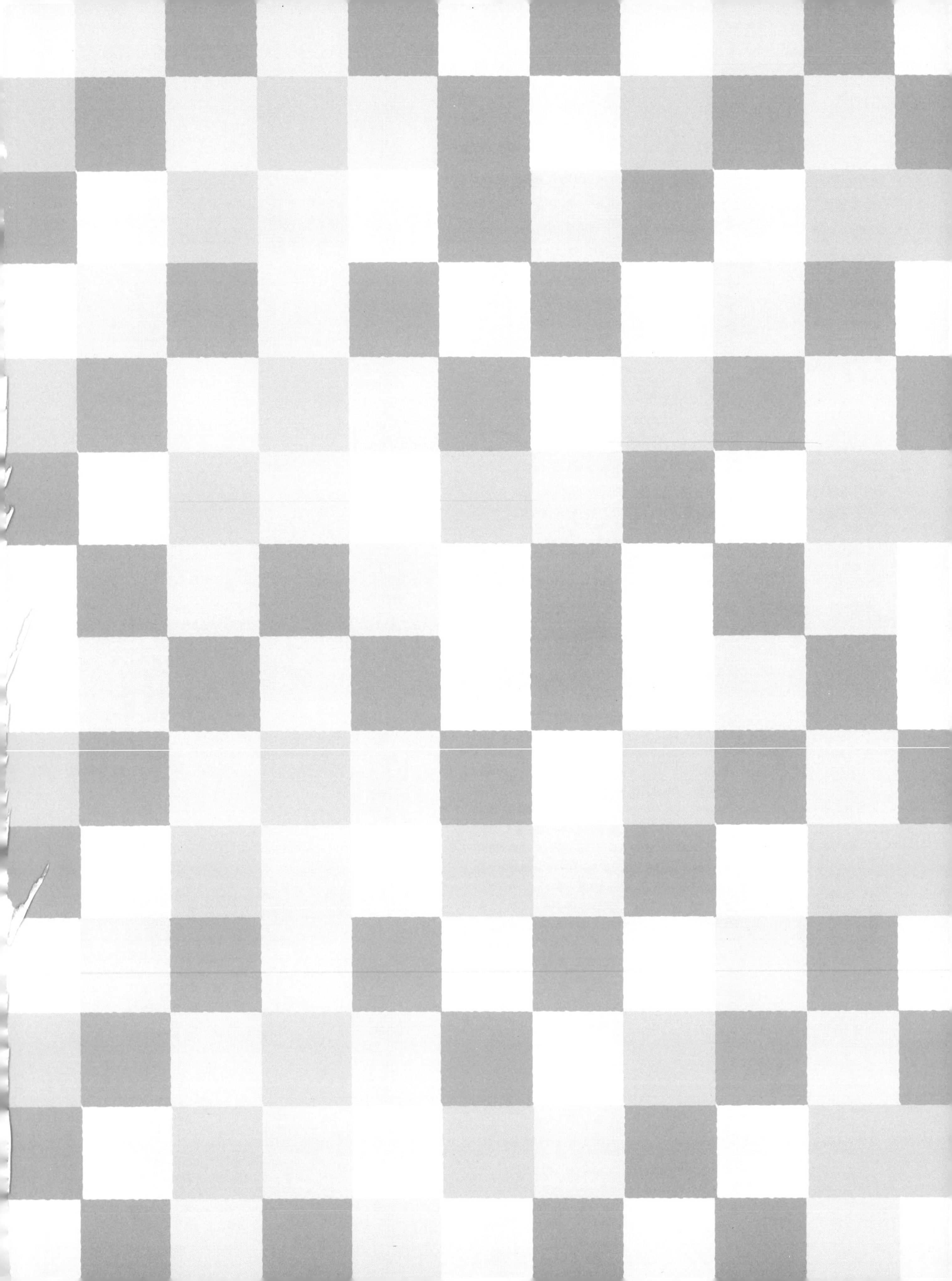